Herstellung und Verlag: BoD – Books on Demand, Norderstedt
ISBN: 9783746032924

Originalausgabe

TYRS

THING

GEDICHTE

Tyr ist als einhändiger Gott bekannt geworden, der den unzähmbaren Fenriswolf überlistet hat. Vielen Eingeweihten gilt Tyr seit langem aber auch als Gott der Gerechtigkeit. Die ältesten Quellen der Germanen kannten ihn schon und beweisen seine große Bedeutung und Beliebtheit. Tauche in Tyrs Gedichte ein und nutze sie als ein Tor, um Tyrs Wahrheit zu verstehen und eins mit ihm zu werden.

Tyrs Mission

In den Trieben einer neuen Zeit
Wartet Tyr und macht sich bereit.

Dunkle Zeitalter weichen
Und die neue Zeit stellt die Weichen
Für das goldene Zeitalter.

Was wird, ist ungeschrieben
Und doch ist prophezeit.
Was wird, ist ungeboren
Und doch schicksalsbereit.

In den Keimen der Welt,
In den Samen und
Den ungeborenen Taten
Wartet Tyr, unser Held,
Und wartet auf dich,
Damit du rettest die Welt.

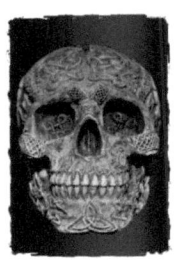

Tyrs Tiwaz

Tiwaz.
Der Sieg.
Tiwaz.
Weg der
Gerechtigkeit.

Alter Gott.
Speer des Wissens.
Spitze allen Seins.
Tyr.
In den Wäldern
Und Hochhausbergen.
Tyr.
Macht des Thing.
Macht der Fairness.
Tiwaz
In Tyr.
Tyrs Tiwaz.

Kämpf
Für dein Recht!
Kämpf
Um dein Leben!
Kämpf
Für die Welt
Und alle,
Die dir am Herzen
Liegen!

Tyrs Thing

Der Ring
Des Thing klingt.

Im Ring
Des Thing
Gewinnt
Gerechtigkeit.

Im Ring
Des Thing
Siegt die
Gleichheit.

Der Ring
Des Thing
Ist das Abbild
Tyrs.

In Tyrs Thing
Klingt dein Name
Und du gewinnst,
Wenn du deinem Volk
Dienst!

Tyrs Strahlen

Das Leben
Im Norden
War hart.

Viele Horden
Raubten das Gut
Und stahlen
Das Leben.

Die Sonne geht
Erneut auf.
Golden ist
Der Sonnenlauf.

An seiner Spitze
Fährt Tyr
Und zeigt
Die Siegeskür.

Im Glanz
Der neuen Zeit
Weist Tyr
Den Weg
Ins Paradies
Der Gerechtigkeit.

Folgt Tyr ins gelobte Land!

Tyr ruft
Und die Welt hört.
Tyr ist mehr
Als Dienstag.

Tyr ist
Das Gesetz.
Tyr ist
Das Thing.

Tyr ist
Deine Pflicht,
Für dein Volk
Alles zu geben.

Tyr weist
Über das Heute hinaus.
Tyrs Traum
Erhebt das Menschenhaus.

Tyrs Weg ist
Gerechtigkeit.
Tyrs Ideal ist
Fairness.

Tyrs Weckruf

Steh auf und erhebe dich Sohn:
Dein Schicksal wartet auf dich.
Abenteuer warten und
Siege gilt es zu erringen.

Steh auf und erhebe dich Tochter:
Dein Schicksal wartet auf dich.
Abenteuer warten und
Siege gilt es zu erringen.

Steh auf und erhebe dich Menschenkind:
Dein Schicksal ruft deinen Namen.
Die Welt wartet auf deinen Mut
Und Geheimnisse gilt es zu entschlüsseln.

Steht auf Kinder der Erde:
Das Schicksal ruft nach euch.
Die Welt braucht euren Mut.
Die Erde braucht euren Tatendrang.
Die Kinder der Zukunft brauchen euch!

Zius Ruf

Zius
Ruf
Zius
Wilder
Lauf

Ziu
Schreit
Um sich
Zu befreien

Ziu
Klingt
Um zu
Gewinnen

Zius
Wald
In Zius
Welt

Zius
Himmel
Eröffnet sich
In jedem
Menschengewimmel

Berserker

Wilder Schrei.
Ziu.
Kreisch:
Ziu!

Der Berserker tobt. Mit nacktem Leib, bedeckt ist nur sein Schambereich, stürmt er nur mit einer Keule gegen eine ganze Schar.

Arrr!

Er schreit laut und kreischt wild und beißt und schleudert die Feinde weit, bis kein Feind mehr ist zum Kampf mit ihm bereit.

Am Abend berauscht er sich an den Kräutern der Waldhexe. Ihre Zauberkräfte haben seinen inneren Gott erweckt und ihm die magische Kraft gegeben, die seine Feinde erschreckt.

Er lacht und nimmt das alte, hohle Holz. Mit voller Kraft schlägt er die Waldestrommel und summt Zius Namen:

Mmmhh Ziiiuuuu!

Schwarzer Mann

Wandel
In dunklen Reichen.
Durchkreuze
Neblige Spalten.
Spüre seine
Schwarze Macht.

Lange bevor
Die Sterne kamen,
Lange bevor
Das Licht erschien,
Wandelte Ziu
Schon durch
Unsere Welt.

Dunkelheit
Umhüllt sein Wesen.
Dunkelheit
Webt in seinem Herzen.
Dunkelheit
Greift nach dem Licht,
Hüllt es ein,
Aber vernichtet es nicht.
Denn ohne Dunkelheit
Gibt es das Licht nicht.
Gibt es dich wirklich,
Wenn es Ziu nicht gibt?

Ältesten Gott

Der Gott
Der Tiere.

Der Gott
Aus uralter Zeit.

Ältester Weggefährte
Der ganzen Menschheit.

Tyr, Ziu, Tiwas
Und viele Namen mehr
Gaben wir Menschen dir.
Manche in Sprachen,
Die längst vergessen.

Alter Gott.
Alter Freund.
Symbol des Thing.
Symbol der Gerechtigkeit.

Wald

Ich steh im dunklen Wald fern der nächsten Stadt. Ich bin lange gewandert. Viele Stunden liegen hinter mir. Ich sah wilde Pferde und streifte an der Büffelherde vorbei. Die Schatten der Bäume wurden länger, doch ich hörte nicht auf, sondern wanderte immer weiter.

Jetzt steh ich hier ganz allein im Wald. Die Dunkelheit kriecht die Stämme der Nadelbäume hoch. Für einen Moment will auch die Angst in mir entstehen: Doch ich vertreibe sie mit Gedanken an ihn. Stattdessen geh ich mutig mit klarem Geist weiter und weiter. Geister kriechen aus der Dunkelheit, doch auch sie ignoriere ich. Es ist das Knacken der Äste, die unter meinen Füßen brechen.

Dann kommt der große See. Die Wurzeln der Bäume schlängeln sich wild vom Ufer in das kühle Nass. Kleine Wellen brechen sich an den Wurzelästen und im Dämmerlicht wabern die kleinen Wellen dahin.

Ich bleibe stehen und strecke meine Nase in die Luft. Ich rieche den Duft des Waldes, noch mehr aber rieche ich, ob wirklich kein Mensch in der Nähe ist. Jetzt lausche ich und begreife: Ich bin allein mit den Geistern und Baumwesen. Ich lächel und lege meine Hände wie einen Trichter um meinen Mund. Noch einmal atme ich ein. Dann schreie ich so laut ich kann:

ZIU!

Geheimnisse

Tränen weint
Der alte Gott.

Menschen, Tiere, Pflanzen...

Scham empfindet
Der alte Gott
Über das Versagen
Seiner Jünger*.
Erdzeitalter alt.
Durch Ewigkeiten gereist.
Noch immer sucht er.

Die Auserwählten*.
Tränen der Sonne.
Kristallschalen brennen.
Mondsteine bersten.
Kosmische Nebel implodieren.
Tore an magischen Punkten
Überall auf dem Erdball.

Unsichtbare Brücken
In Tyrs Refugium.
Eingeweihte erblicken.
Goldene Herzen mit
Dem Gerechtigkeitsblick.
Alte, magische Kraftorte und
Reine Quellen aus der Ur(d)zeit.
Koste! Verschmelze! Handle frei!

Ziu

Ziu wir rufen dich!
Ziu erscheine!
Lehre uns.
Belehre uns
Mit deinem Recht.
Beehre uns
Mit deiner Gerechtigkeit.

Ziu
Klingt es wild.
Tiwas
Erscheint gedrillt.
Tyr
Lässt uns chillen.

Ziu rufen wir
Und Tiwas
Ist unser Pulsschlag.
Tyr ist das Symbol
Unserer unendlichen
Kraft.

Wir rufen Tiwas
Und sind bereit.
Wir rufen Ziu
Und springen weit.
Wir rufen Tyr
Und werden weiter-
gehen bis zum Ziel!

Tyrs Geschenk

In dir drin
Seit alter Zeit
Lebt eine Kraft,
Die einst Tyr
Hat gesät.

Mut und Kraft
Entspringen ihr.
Aus ihr wächst
Das Heldentum*.

Wenn die Tage hart
Und die Nächte kalt.
Wenn der Feinde viele
Und das Mahl karg.
Dann schau nach innen!
Schau auf die Gaben Tyrs
Und nutze sie geschickt!

Schmerzensschreie

Der Stahl im Fleisch
Brennt heißer.
Endloser Schmerz flutet
Bis zur Ohnmächtigkeit.

Tiwaz!
Hörst du mich?
Ich brauche dich
Oder vielmehr deine Stärke
Und grenzenlose Härte.
Denn wie soll ich das
Durchstehen, ohne wahnsinnig
Zu werden?

Tiwaz wacht
Und atmet ein.
Tiwaz schaut
Den Rufer an.
Tiwaz sendet,
Doch wer kann
Ohne reines Herz verstehen?
Doch Schmerz
Reinigt das Herz
Und Reue ist die Basis
Für ewige Treue!

Tyrs Rune

Mut und Sieg:
Tiwaz!

Nie wieder
Aufgeben:
Tiwaz.

Sich allem
Stellen:
Tiwaz.

Den inneren Krieger
Erwecken:
Tiwaz.

Tapfer ins
Abenteuer stechen:
Tiwaz.

Selbstbewusst
Die Welt retten:
Tiwaz.

Ursprung

Zius Namen
Klingen in allen Welten
Des Weltenbaums.

Yggdrasil:
Esche oder Eiche
Sei dein Symbol.
Yggdrasil;
Baum des Lebens.

Tiwas oder Ziu
Oder so viele
Namen mehr,
Erdacht in
Endlosen Welten
Für den alten Gott.

Animalisch
Wie die Tiere.
Mächtig
Wie der größte
Schöpfungsgott.

Laufende Kreise

Glaube,
Was du spürst!

Zu warme Winter,
Zu heiße Sommer
Und die Konsequenz
Heißt Klimakollaps.

Sei kein Kreuznarr
Und zweifel an den
Kreisläufen der Erde.

Aber begreife:
Wer die Rituale
Des Planeten zerstört,
Wird furchtbares Leid
Auf sich ziehen!

Tyr,
Der Erdgott.
Tyr,
Das Wanenkind.
Tyr,
Der Herr der Tiere.
Tyr,
Beschützer der
Natürlichen Kreisläufe!

Altvordere

Wilder Gott.
Weißes Fleisch.
Schwarze Lippen.

Alter Ritus.
Blondes Haar.
Kalkgesicht.

Trommelwirbel.
Feuer flackern.
Beine stampfen.

Urgeräusche.
Verbunden
Mit dem Allbeginn.

Tiergott.
Verschmelzen
Mit dem Fell.

Ahnenklang.
Trancegespräche.
Zukunftsblick.

Erinnerungen

Im Wald
Schmerzender Erinnerungen.
In den Alpträumen
Einer alten Zeit.

Heute kann ich lachen
Mit Tyr.
Damals rann das Blut
An mit herab.
Bei Tyr
Werd ich wach
Und erkenne die Kraft,
Die immer in mir lag.
Mein Zweifel von einst
War ein scharfes Beil,
Dass nach mir schlug und
Mich fast zerteilte.

Lange.
Monate und Jahre
Quälten mich Zweifel.
Heute lebe ich für Tyr
Und seinem hehren Ziel
Nach Gerechtigkeit
Und Freiheit!
Die Erinnerungen ist frisch,
Doch heute bin ich
Ein Schicksalskind!

Tyrs Volk

Lange Tage.
Berge an Arbeit.
Für mich und
Das Volk.

Des Volkes Geist
Mit Tyr gereist
Seit alter Zeit.

Kinder des Volkes.
Kinder des Tyr.
Bereit und befreit.
Seid mutig und reif.
Findet den Weg,
Den der Gott
Offenlegt!

Tyrs Äonen

Freunde der Nacht:
Tyr ist erwacht!
Kinder der Erde
Ergreift euer Erbe.

Das neue Äon ist da
Und der alte Gott erwacht.
Das neue Äon beginnt
Und Tyr gewinnt.

Freunde der Nacht
Spürt Tyrs Kraft.
Kinder der Erde
Reiht euch in Tyrs Herde.

Das neue Äon ist da
Und Tyr ist sein Papa.
Das neue Äon beginnt
Für jedes Menschenkind.

Bei Tyr

Bei Tyr
Mit Mut!

Bei Tyr
Mit allem,
Was uns gut tut.

Er, der Herr der Wälder, der Herr der Tiere, die
Verbindung zur alten Zeit. Er, der die Linien
zur Vergangenheit hält und uns eins werden
lässt mit dem Band der Ahnen.

Bei Tyr
Mit Mut
Ins Abenteuer gestürzt.

Bei Tyr
Mit allem
Was uns gut tut,
Für unser Recht gekämpft.

Des Things Geist

Tyr!
Höre,
Denn ich schwöre:
Gerechtigkeit.

Ziu!
Sieh,
Wie ich gen Frieden
Zieh.

Tiwas!
Lausche,
Wie ich Fairness
Gebrauche.

Alter Gott
Hoff,
Dass ich siege
Für den Friede.

Denn Tyr höre,
Ich schwöre dir,
Den Geist des Thing
In die Welt zu tragen.

Tyrs Manifestionen

In den Wäldern,
In den Bergen,
In den Seelen der Tiere
Wartet Tyr.

Im Brüllen des Löwen,
Im Rufen des Adlers,
Im Knurren der Wölfe
Lebt Tyr.

Im Stahl der Nacht,
Im geschmiedeten Schild,
Im unbeugsamen Speer
Wacht Tyr.

Im Morgengrauen,
In der Mitte der Nacht,
Im Strahl der Mittagssonne
Meditiert Tyr.

Im Glas der Hochhäuser,
Im Rattern der U-Bahnen,
Im Andrang in den Shops
Erwacht Tyr und
Reicht dir die Hand.

Ganzheitlich

Tyr verbindet
Mich mit meinen Ahnen.
Tyr stärkt
Meine Blutbahnen.

Der alte Gott der Wälder
Und Beschützer der Felder.
Der Gott des Viehs
Mit archaischer Magie.

Tyrs Zeichen
Wollen uns den Weg zeigen.
Tyrs wirken
Wankt in den Birken.

Tyrs Macht
Gibt uns Kraft.
Sein Heim
Wird uns vereinen.

Mit Tyr zu sein,
Heißt glücklich zu verweilen.
Für Tyr zu leben,
Meint nach dem Besten zu streben.

Reste des Schnees

Ein schriller Ruf
Auf weiter Flur.

Tyr!

Der dumpfe Schlag
Der Schamanentrommel.

Tyr!

Das rhythmische Hämmern
Ungeschliffener Äste gegen die Stämme.

Tyr!

Bemalte Gesichter
Und nackte Brüste.

Tyr!

Recht!

Tyr streitet
Für unser Recht.

Tyr kämpft
Für unser Recht.

Tyr fordert
Unser Recht.

Mit Tyr streiten wir
Für unser Recht.

Mit Tyr kämpfen wir
Für unser Recht.

Mit Tyr fordern wir
Unser Recht.

Zusammen mit Tyr
Machen wir eine
Gerechtere Welt!

Recht und Gesetz

Geh in den Wald!
Lausche dem Klang
Der Bäume und spüre
Die Magie Tyrs.

Trotze der Gewalt
Widerstehe dem Zwang
Der Unterdrücker und verkünde
Das Gesetz Tyrs.

Tyr steht für Recht und Gesetz.
Tyr steht für Fairness.
Tyr steht für das Streben
Nach bessere Zeiten.
Tyr steht für den Kampf
Um Freiheit und den Drang
Niemals aufzugeben!

Der Ahnen Tage

In den Blutbahnen
Meiner Ahnen
Floss schon Tyrs
Samen.

Die Sonne stand hoch,
Während der Adler
Über die alten Siedlungen flog
Und sie bis heute trug.

Ihre Namen
Waren Gaben
Von ihren Ahnen,
Um alle Härten des Lebens
Zu ertragen.

Mit Tyr
Wollten wir viel
Mehr, als wir bekamen.

Doch wir begehren erneut
Der Erben Taten,
Die sie in die Zukunft
Tragen.

Nordtyr

Im Norden.
Endlose Wälder.
Gefrorene Seen
Und Schnee.

Im Herzen
Der Nordischen
Lebt das Tier.

Im Leben
Der Nordischen
Wirkt Tyr.

Der Norden.
Kalt. Unnahbar.
Unbesiegbar.

Gen Norden
Findest du
Dein Heimatland.
Gen Norden
Findest du die Nordischen,
Die nach Freiheit streben
Bis zum letzten
Atemzug!

Glaube an ihn!

Tyr lebt!
Zweifel nicht.
Tyr gibt.
Glaube ihm!

Jeden Tag
Wirkt Tyrs
Macht.

Jeder Moment
Ist ein Tor in
Tyrs Welt.

Tyr handelt
Schnell
Und denkt tief.
Tyr ist da,
Wenn du ihn
Brauchst!

Glaube an ihn!

Urbaner Tyr

Auch in der Einsamkeit
Der Großstädte
Wartet Tyr.

Auch in den Metropolen
Überall auf der Welt
Findest du Tyr.

Tyr wartet
In den U-Bahnhöfen.
Tyr rast
Über jeden Highway.
Tyr funkt sogar
In den Glasfaserkabeln.

In allen Ritzen der Welt
Kannst du durch magische Schlitze
Eins mit Tyr werden.

In allen Winkeln der Erde
Findest du das Funkeln
Von Tyrs Magie.

Tyrs Töchter

In den ersten Trieben
Kleiner Mädchen
Schwingt die Macht Tyrs
In reiner Liebe.

Tyrs Schwestern, Töchter
Und Mütter.
Tyrs lebendige
Weiblichkeit.

In der Reinheit
Der tierischen Natur
Gibt es keine Grenzen
Des Geschlechts.
Es gibt Triebe
Und es gibt
Animalische Liebe.

...und es gibt den Kampf
Ums Überleben
Und ums aufrechte
Vorwärtsgehen.

Tiere Tyrs

Sieh im Tier
Tyr

Erkenne in der
Animalischen Kraft
Tyrs Macht

Freie Wälder
Freie Steppen
Freie Meere

Tyrs Kinder
Kämpfen für die Freiheit
Der Natur

Tyrs Töchter
Leben im Einklang
Mit der Erde

Tyrs Söhne
Malochen für eine
Geschützte Umwelt

Versagen

Versagen
Ist Teil des Weges,
Den wir alle gehen.

Tyr
Versagte auch.
Einst vor langer Zeit
In der Einsamkeit
Der Ewigkeit.

Weder gab er auf.
Weder steckte er den
Kopf in den Sand.
Weder heulte er lange rum.
Er stand auf
Und probierte es erneut.
Tu das auch!
Tu das auch!
Steh wieder auf
Und kämpfe!

Freiheitskampf

Noch ist es nur ein Traum.
Noch hindert uns die Wand
Der Angst.
Doch wir sind geborene
Freiheitskämpfer.
Wir sind geborene
Freiheitskämpferinnen.

Mag der Gott
In unseren Herzen;
Mag der Gott
In unseren Blutbahnen
Uns die Kraft geben,
Das Schicksal anzunehmen.

Tyr
Ist sein Name.
Gesetz
Ist seine Gabe.
Freiheit
Ist seine Wahrheit.

Tyrs Wille

Wenn ich trainiere
Mit meinen Waffen,
Erinnere ich mich an Tyr
Und seinen Gerechtigkeitswillen.

Wenn ich meinen
Körper trimme,
Gedenke ich Tyr
Und seinem Friedenswillen.

Wenn ich mich
Im Kampf schule,
Bedenke ich Tyr
Und seine Willensstärke.

Wenn ich tapfer
Vorwärtsschreite,
Imaginiere ich Tyr
Und seinen Siegeswillen.

Tyr siegt
Mit reiner
Willenskraft:
Mit Tyr
Können wir
Alles schaffen!

Ziu ist in allem

Im Rauschen der Blätter
Schwingt Ziu.

Im Plätschern der Bäche
Webt Ziu.

Das Suhlen der Säue
Reizt Ziu.

Das Röhren der Hirsche
Erregt Ziu.

Im Klang der Störche
Gebiert Ziu.

Im Quaken der Frösche
Lacht Ziu.

Und im magischen Wind
Bringt er dir Glück.

Vertraue

Wenn es dir zu viel ist,
Dann erwecke Tyr in dir!

Wenn du vorm verzweifeln bist,
Dann erwecke Tyr in dir!

Wenn du den Tränen nahe bist,
Dann erwecke Tyr in dir!

Wenn du keine Kraft mehr hast,
Dann erwecke Tyr in dir!

Vertrau auf Tyr
Und glaube mir:

Seine Magie
Heilt dir!

Schicksal!

Warte nicht
Zu lang
Auf dein Schicksal!

Die Altvorderen
Sind nicht mehr.
Das Band zwischen
Uns ist zerrissen.

Was ist dein Schicksal?
Was ist dein Schicksal?
Was ist dein Schicksal?

Finde in Tyr
Den alten Weg.
Knüpfe mit Tyr
Das alte Band.
Erwecke durch Tyr
Die Schicksalskraft.

Naturerlebnis

Verlass die Stadt,
So oft du kannst!

Geh in die Wälder
Und spaziere
Durch die Felder.

Sitz am See und
Lausche dem Fluss,
Der niemals still steht.

Finde die alte Zeit,
In der die Wahrheit
Zius weiterlebt!

Glaub

Glaub nicht,
Es kommt über Nacht.

Glaub nicht,
Es wird einfach werden.

Glaub nicht,
Ohne Training
Werden wir es schaffen.

Glaub nicht,
Es hat keinen Preis.

Aber glaub an Tyr
Und das Band
Aus alter Zeit.

Glaub an Tyr
Und sei zum Kampf
Für unser Volk bereit.

Siegt!

Der Sieg
Gebiert
Starke Kinder.

Tyr
Bringt uns
Den Sieg.

Der Sieg
Ist beliebt
Bei allen Kindern.

Tyr
Bringt uns
Den Sieg.

Den Sieg
Lieben
Alle Kinder.

Tyr
Führt uns
Zum Sieg.

Wider das Joch des Kreuzes

Ich helfe
Dir in Zius Namen.
Denn seine Tugenden
Werden uns tragen.

Der Wahn
Der Gekreuzten.
Ihre Gewalt
Und Willkür.

Bei Tyr,
Wir werden uns
Nicht erneut beugen.
Bei Tyr,
Wir werden das Joch
Nicht erneut tragen.
Bei Tyr,
Ich helfe dir!

Neubeginn

Vergessen
Ist sein Name.

Verloren
Die alte Gabe.

Möge er
Wieder erklingen.

Möge er
Uns wieder
Den Sieg bringen.

Tyr ist
Sein Name.
Tiwaz seine Gabe
Und Ziu heißt
Sein Sieg!

Naturgott

Wind.
Sturm.
Regen.
Schnee.
Ziu.

Donner.
Blitze.
Hagel.
Frost.
Tyr.

Eis.
Hitze.
Frost.
Tau.
Tiwaz.

Strebt!

Schweiß
Ist der Preis.
Tyr führt
Zum Ziel.

Verbrochen
Zu hoffen,
Ohne mit Tyr
Zu gehen.

Mit vollen Zügen
Ziu fühlen
Und ihm die Treue
Schwören.

Für Recht und Gesetz.
Für eine bessere Welt.
Mit mutigen Taten
Und in Tiwaz Namen.

Kindeskinder

Tausend Morgen
Werden zehntausend.
Tausend Sorgen
Verschwinden für immer
Durch Tyrs Gaben.

Schneid
Durch Gerechtigkeit.
Mut gegen
Das ungerechte System.

Das Falsche gebiert
Hass und Gewalt.
Bei Tyr seid bereit,
Euch zu erheben.

Für eure Kinder
Und deren Kindeskinder.
Denn wenn ihr jetzt
Nicht kämpft für Zius Gesetz,
Das immer Fairness ist,
Dann werden auch sie
Darben und sich
An Sorgen laben.

Kämpft für sie!

rot und braun

Blutrote Tränen
Letzter Odem

Alter Wald
Spinnweben

Im Horst
Junge Brut

Im Mensch
Alte Wut

Tyr zeigt
Bäume spenden

Ziu reift
Wolkenwände

Kind
Alter Zeit
Dem Gott geweiht

Nach dem Tod

Dunkler Sonnenaufgang.
Strahlen, die mich auffressen.
Der Tod hat mich gefrühstückt.
Nur Tyr gibt mir noch Kraft
Zu atmen.

Das ist das Leben.
Das ist die Wahrheit.
Hart und unfair ist die Welt.
Einsam und allein, wenn
Der Tod mir alles nimmt.

Sagen leben von Schrecken.
Geschichten von Gefahr.
Das Leben ist härter und kälter.
Ziu wärme mich!

Regentropfen sind Schwerter,
Nebel Gefängnisse und
Der Wind schneidet scharf und tief.
Düsternis frisst mich auf.
Wo bist du Tyr?

Ihm sei dank!

Tyr,
Der alte Gott.

Mit Tyr
Zogen wir einst
Durch die Steppen,
Wüsten, Wälder
Und über die Berge.

Tyr
Führe uns
Ins gelobte Land.

Tyr
Gab uns
Das magische Thing.

Tyr
Gab unserem Volk
Ordnung und Sitte.

Ziu in mir

Der Gott in meinen Blutbahnen
Gibt mir ungeahnte Kraft.
Seine Macht beflügelt mich
Und erhebt mich weit über die Welt.

In mir der epische Held*.
In mir der spirituelle Krieger*.
In mir der magische Kämpfer*.

Der Gott in meinem Herzen
Lindert die Schmerzen
Und lässt mich mein Schicksal sehen.

In meinen Muskeln lebt er.
Durch meine Auge sieht er.
Mit meiner Zunge spricht er.
In meinem Geist plant er.

Anderssein

Lernt!
Sagt Tyr,
Von denen
Die anders sind.

Lauscht!
Schreit Tyr,
Denen die
Anders sind.

Versteht!
Flüstert Tyr,
Jene
Die anders sind.

Erkennt euch!
Findet Tyr,
In denen
Die anders sind.

Der alte Gott

Der alte Gott
Ohne Schafott
Mit Fairness
Und Gerechtigkeit

In den alten Wäldern
Ewigen Steppen
Und heiß-kalten Wüsten

Der alte Gott
Kein Held
In der modernen Welt
Jener Welt,
Die sich selbst
Auffrisst

Der alte Gott
Gerechtigkeit im Herzen
Der alte Gott
Fairness im Geist
Der alte Gott
Strebt nach
Respekt und Frieden
Auch manchmal
Durch Wehrhaftigkeit

Animalische Mächte

Spüre die animalische Kraft,
Die in deinen Blutbahnen erschafft.
Fühle die Magie
Und folge ihr.

Das Tier in dir
Erweckt von Tyr,
Führt dich aufwärts
Und zum Sieg.

Das Tier ist nicht brutal,
Doch ungestüm und wild
Und lässt sich nicht
Dressieren.

Animalische Macht
Und unendliche Kraft
Erwacht bei Zius Namen.

Zius Traum

Streit
Gescheit
Gelöst

Zius Weg
Ist das
Faire Leben

Kampf um
Unser Recht
Ist in Tiwas
Interesse

Der Ehre
Wahrheit
Führt weit
Mit Tyrs
Geleit

Denn Zius Traum
Ist der faire
Lebensraum
Und die gerechte
Welt

Tierischer Tyr

Herr der Wälder
Und wilden Herden.

In Tyr
Lebt das Tier.

Der Schrei des Adlers.
Das Jaulen des Wolfes.
Das Brüllen des Löwen
Und die Melodien der Vögel.

Herr der Wälder
Und Steppen.
Herr ohne Herrschaft
Mit tierischer Freiheit.

Werde eins
Mit dem Trommelschlag!

Tyrs Netz

Was ist fair?
Was ist gerecht?
Auf jeden Fall
Ist jeder Fall
In Tyrs Interesse.

Seit alter Zeit
Gilt es weit und breit.
Denn Recht und Gesetz
Wird von Tyr geschätzt.

Mehr als nur die Waagschale.
Mehr als die obrigkeitliche Gabe:
Recht und Gesetz
Sind Tyrs Netz.

Denn Tyrs Netz
Hält die Welt.
Tyrs Netz
Rettet die Welt.
Tyrs Netz
Ist gerecht!

Nie wieder einsam!

Du bist allein
In ihrer Welt,
Aber du musst
Es nicht sein!

Tyr ist da,
Denn Tyr ist wahr.

In ihrer Welt
Bist du allein.
Zeit sich zu befreien
Von ihrer Kälte.

Tyr ist nah.
Sein Wille ist stark.

Gemeinsam sein
In Tyrs Namen.
Endlich heilen
Mit Tyrs Gaben.

Tyrs Familien

Familien
Auf Tyrs Wegen.

Eltern und Kinder,
Die mit Tyr leben.

Lebenswege
In Tyrs Reben.

Schicksale
Mit Tyrs Gabe.

Babys und Kleinkinder
Unter Tyrs Schutz.

Familienbande
In Tyrs Namen.

Immer weiter

Alter Gott
Neue Zeit

Altes Erbe
Neuer Weg

Erinnerungen
Und Zukunftsträume

Altes Leben
Neuer Tag

Tyr war und
Tyr wird sein

Hier ist Tyr
Bei mir

Heute strebe ich
Für dich
Ins Morgenland

Ewiges Band der Generationen

In meinem Blut
Liegt archaische Wut.
Geboren vor langer Zeit.
Längst vergessener Streit.

Der Ahnen Erbe
Lässt mich werden.
Doch ihre Fehler
Will ich nicht erben.

Bei Tyr ehre ich ihre Namen.
Bei Tyr danke ich meinen Ahnen.
Doch in dieser neuen Zeit
Weht ein neuer Geist.

Ein neuer Geist
Wird meine Erben weisen.
Meine Kinder werden siegen,
Wenn ich alles gebe.

Mit Tyr strebe ich für die Kids
Der heutigen Welt
Und baue das auf,
Was ihnen Glück bringt.

Zu ihm!

Pfade
Sichtbar
Und unsichtbar.

Wege
Verborgen
Im Unterholz.

Tore
In den Herzen
Der Menschen.

Portale
Versteckt in
Unseren Blutbahnen.

Sie alle führen zu Tyr!

Ein Gott

Ein Gott
Ruft deinen Namen.

Ein Gott
Wird dich tragen.

Ein Gott
Will für dich kämpfen.

Ein Gott
Will dir Freiheit schenken.

Tyr ist sein Name.
Gerechtigkeit seine Gabe.
Ziu ist sein Klang.
Das Thing sein Gewand.
Tiwaz ist seine Kraft
Und das Gericht seine Macht.

Wider die Heidenfälscher*innen

Tyr
Hilf mir
Meinen Brüdern und Schwestern
Die Augen zu öffnen vor denen,
Die sich als Heiden ausgeben,
Aber uns alle nur betrügen.

Tyr
Zu viele bekennen sich heute
Wegen Musik und Fernsehserien
Zum Heidentum, ohne wahrhaft
Zu glauben. Sie schaden uns
Und machen uns lächerlich.

Tyr
Zeige mir den Weg,
Den wahren Suchenden zu zeigen,
Wie sie den Heidenweg betreten
Und wahrhaftig heidnisch leben!

Alt und neu

Im Wind schwingt
Ein Schicksalskind
Und lernt von den Sternen.

Aus alten Taten
Reiften Erben und erwarben
Neuen Mut.

Tyrs Samen graben
Sich in den jungen Grund
Und erschaffen Lust
Und Leidenschaft.

Mit Zius alter Kraft
Wird Neues gemacht,
Geformt und geschliffen.

Tyrs altes Wissen
Wächst und lässt
Junge Menschen reifen
Und in ihren Träumen
Zu den Sternen schweifen.

Für immer

Er ist die Kraft
Aus alter Zeit.

Er ist der Ruf
Der Vergangenheit.

Er ist das Licht,
Das niemals erlischt.

Er ist der Funken
Wahren Glücks.

Tyr ist sein Name.
Tiwaz seine Gabe.

Er ruft nach dir
Und erweckt das wir.

Er ist, war und
Wird sein.

Namen der Macht

Immer wieder ruf
Ich seinen Namen.

Ich stehe am See.
Es ist Nacht und
Ich schreie: Ziu!

Ziu! Dein Name
Entfacht mein Feuer.

Ziu! Mein Glaube
Treibt mich weiter.

Ziu mit dir gehe ich
Bis zum jüngsten Tag!

Nordheim

Wälder reihen sich endlos
Im Norden.

Schnee weht ohne Pause
Im Norden.

Ein Gott tanzt ums Feuer seit
Alter Nordzeit.

Scheues Reh und vorsichtiger Wolf.
Eine Eule schläft und der Falke kreist.
Heimat im Norden.

Kalt. Hart. Rau.

Treu. Loyal. Ehrlich.

Bei Tyr gilt das Wort
Auf Lebenszeit!

Reflexionen

Im Wald.
Tau und Reif.
Kalt.

Nebelschwaden.
Auf Gottes Pfaden.

Tyr ist hier:
Spüre ihn!

Alltagsgewand
Aus der Stadt,
Worunter dein wahres Selbst
Verborgen liegt.

Freier Schrei
Allein im Wald.

Verrückte

Nur ein paar Verrückte
Glauben noch an Tyr!

Nenn mich verrückt
Und jene, die mir mir sind!

Wir glauben noch!
Selbst nach tausenden Jahren
Glauben wir noch an Tyr.

Nicht der Kreuzgott.
Nicht der Buchgott
Oder die Verlockungen
Des Geldes werden uns
Unseren Glauben nehmen!

Nennt uns verrückt!

Ja! Wir sind verrückt,
Weil wir mit Tyr leben.
Ja! Wir sind verrückt,
Weil wir mit Tyr gehen!

Schwöre!

Der Treueschwur
In dunkler Stund.
Ein Schwur
Hinterlässt
Seine Spur.

So schworen wir Tyr.
So geloben wir Tyr.
Seinem Pfad zu folgen
Und mit Ehre zu leben.

Tyrs Schwur
Gilt dir!
Seine Kultur
Ist Freiheit und
Gerechtigkeit.

Schwöre und
Entblöße
Dein Herz.
Schwöre
Allem Schmerz
Zu widerstehen
Und bis zum Ende
Weiterzugehen!

Aus dem dunklen Licht

Tyr weint.
Es regnet.
Tränen der Sonne.

Unruhig tost.
Hemmungslos.

Opfer.
Blutverschmiert.
Tyr.

Donner zollt.
Der Ast bricht.
Alter Mann.
Junges Kind.
Bande.

Blut verbindet.
Schmerz zerreißt.
Bäume ringen.
Thing beginn!

All

Gott
Der Tiere

Gott der
Gerichte

Gott
Der Wildheit

Gott
Der Anwälte
Und Anwältinnen

Gott
Der ungestümen Kraft

Gott
Der Urgewalt

Gott
Der Alten
Gott
Der Freiheit
Für all das steht Tyr!
All das ist Tyr!

Gefährten

Dunkle Augen.
Rot verheult.

Tod.
Not.
Angst.
Hass.

Kein Licht
In Sicht.
Kein Strohhalm
Zum Greifen.

Nur Tyr.
Sieh Ziu.
Erfasse Tiwaz
Wahres Herz.

Dunkelheit bleibt,
Doch jetzt ist da
Der göttliche Gefährte,
Der mit uns schreitet!

Verzweiflung

Niemals aufgeben
Und im Glauben an Tyr
Immer weiter gehen.

Wir werden scheitern.
Wir werden fallen.
Wir werden versagen,
Verzweifeln und Schreien
Vor Angst.

Tyr reicht uns die Hand
Und überbringt uns die Gabe
Des Widerstands.

Niemals werden wir aufgeben
Und im Namen Tyrs nach
Einer gerechten Welt streben.

Schicksalslos

Ohnmacht greift
Nach dir.
Fern ist die Hoffnung.

Dunkle Glocken läuten.
Ein Schrei zerreißt die Nacht.

Dein Schicksal scheint unerreichbar.
Nah ist nur der Kummer.

Vor dir liegt das Tal der Not
Und das tägliche Los der Einsamkeit.

Wähle Tyr in dunkler Stund.
Bau auf ihn deinen neuen Grund.

Zieh mit Tyr ins dunkle Land.
Er ist die Fackel in deiner Hand.

Einhändiger

Trau
Dem Ruf deines Herzens
Schau in dein Spiegelbild

Tyr umfasst die Welt
Mit einer Hand

Tyr sät Schicksalssamen
Überall im Land

Tyr läutet die Glocke
Deines Herzens

Tyr hebt dich empor
Über alle Sorgen

Tyr ist da:
Greif sein Handbuch
Tyr wartet:
Lass dich drauf ein

Neuer Gott

Finde dich
im Gott

Höre in Tyrs Wort
deinen Namen

Gib dich hin
und gewinn

Spring
ins Ungewisse

Tyr ein Gott
aus alter Zeit

Tyr reift
in der Gegenwärtigkeit

Im Heute
greifst du Tyr

Im Heute
wirst du triumphieren!

Für immer!

Ich kann fliegen.
Immer weiter.
Immer höher.

Tyr sei mein Flügel.
Tyr sei mein Mond
Und all meine Sterne.

Tyr liebt mich
Und ich liebe ihn.
Für immer.

Immer weiter.
Immer höher.
Bis zum Horizont.

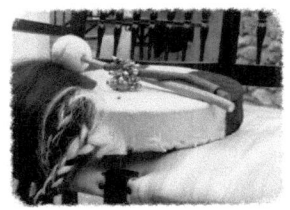

Quellgott

Trauer und Schmerz.
Gebrochenes Herz.

    Der Gott wirkt fern
    Und kann mich nicht nähr'n.

        Doch der Gott ist die Quelle
        Heilender Helle.

    Sein Weg ist das Licht,
    Welches Gerechtigkeit bringt.

        Tyrs Liebe.
        Heilende Triebe.

        Zerstöre die Triebe
        Der Schmach und Scham!

Familienkleid

Gewebt im Sand der Zeit
Familienkleid

Tyr weilt
Und breitet
Seine schützende Hand
Über uns aus

Tyr reift
Und gibt uns Kraft
Und Glauben

Gewebt in rotem Blut
Und mit Lebensmut

Gewebt im Zeitenstrom
Yggdrasils

Tyr ruft nach dir!

Tyr ruft nach dir seit vielen Jahren. Wie lange willst du deine Antwort noch vertagen. Nein er ruft dich nicht als Couchgammlerkind, nicht als Müßiggänger*in, nicht als Vagabund* oder Lüsterling!

Tyr ruft nach dir. Er ruft das in dir, was mutig und edel ist. Er ruft das in dir, was fähig ist, die schwersten Prüfungen zu bestehen. Er ruft das in dir, was weitergeht als alle Zweifel. Er ruft das in dir, was sein Schicksal erfüllen will.

Tyr ruft nach dir! Bist du bereit den Ruf zu erhören? Oder willst du weiterhin die naive Dummköpfin*spielen? Willst du weiter so tun, als wärst du schwach und könntest es nicht. Das ist und war nur dummer Selbstbetrug an deinem wahren Selbst!

Erdgott

Himmlisches Kind.
Irdischer Gott.

Im Stein. Im Wasser. In den Wolken. In den
Winden. In jedem Sonnenstrahl.

Tyr ist da
Und du bist wahr!

Erwachen fühlt
Mit Tyr.

Ergreife seinen Geist
Und mach dich bereit,
Nach den Sternen zu greifen
Und zum Legendären zu reifen!

ewig

Im Himmel und auf Erden
Wandeln deine Erben

Im Hier und Jetzt
Wächst dein Netz

Ins Morgen willst du schauen
Und darauf bauen

Gestern ist vergessen
Und klebt an Resten

Der Gott der alten Zeit
Ist noch immer bereit

Tyrs Worte gelten
In allen Zeiten und Welten

Händeringend

Tyrs Weg
In Äonen.

Tyrs Arm
Für immer
Verloren.

Tyrs Freund
Ist enttäuscht.

Tyr würde jede Lüge
Bereuen.

Tyr webt
Den Steg.

Tyrs Land
Aus einer Hand.

Folge Tyr
In dir!

lebendiger Gott

Tyr lebt
In mir

Tyr lebt
In dir

Tyr lebt
In jedem
Von uns

Tyr ist die
Animalische Kraft
Und der Drang
Nach Gerechtigkeit

Tyr lebt
Und Tyr geht
Gemeinsam
Mit uns

Nasser Sack

Am Boden.
Ausgehaucht.
Roh.
Verbraucht.

Kniend.
Ohne Kraft.
Zum Himmel blickend.
Ziu?

Kein Mut.
Keine Kraft.
Kalte Glut.
Tyr?

Leere Augen.
Fahler Blick.
Mattes Schauen.
Tiwaz?

Gott mein.
Hilf mir!
Tyr sei
Bei mir
In der Not?!

Tyr Gott

Tyr Gott
Im Wald
Tyr Gott
Der Welt

Tyr Gott
Der Tiere
Tyr Gott
Der Gewehre

Tyr Gott
Der Macht
Tyr Gott
Der Anwaltskammer

Tyr Gott
Des Gerichts
Tyr Gott
Wahrer Freundschaft

Tyr Gott
Alter Zeit
Mit Tyr Gott
Fürs Neue bereit

Hoffnung

Zukunft
Dunkel
Ohne
Hoffnung

Tyr
Rette

Ziu
Hilf

Tiwaz
Weise

Er führt uns aus der Dunkelheit ins Licht. Er
kennt den Weg der wahren Werte. Er kennt die
Pfade des Glücks. Er ist Gerechtigkeit und
Fairness. Er ist der, dem wir vertrauen, wenn
die Welt am Abgrund steht.

Tyrs Kampfkraft

In der Feinde Angesicht
Erhebe ich mich.

Sollen sie zittern
Und frostig bibbern.

In mir lebt Tyr
Und gibt mir
Mut und Entschlossenheit
Für den Streit.

Denn der Feinde Kraft
Fällt unter Tyrs Macht.

Sollen sie fliehen
Und sich für immer
Zurückziehen!

Tyrs Wache

Ein Tag der Dunkelheit
Voller Streit.
Jahre der Entbehrung
Ohne Ehren.

Tyr wacht
Mit alter Kraft
Über dein Haupt
Und schaut.

Tränen wallen und
Böse Gelächter schallen
Von der Feinde Statt
Und ihrer bösen Kraft.

Tyr wacht
Mit aller Macht
Über dein Leben
Und will dich
In neues Licht erheben.

Siegen lieben

Tyrs Name webt.
Tyrs Tugend lebt.

In Tyrs Weg lebt
Noch immer die Macht,
Die Sieger erschafft.

Durch Tyrs Namen
Erlangen wir die Gaben,
Die uns zum Sieg tragen.

Tyrs Name klingt.
Tyrs Gaben bringen
Die innere Kraft,
Die unseren Traum
Wahr macht.

Regenschauer

Regen prasselt.
Wolken hängen tief.
Gedanken an die Ahnen
Hängen in der Luft.

Ein altes Band unzerstört.
Ihre Liebe unerhört
Von der heutigen
Jugend.

Doch bei Tyr:
Das Band ist da.
Doch bei Tyr:
Das Band ist wahr.

Regen prasselt
Auf die nackten Straßen.
In der Luft liegt ein Duft,
Welcher älter ist
Als jede Stadt.

Freunde

Freundschaft
Ist der Fels
In der Brandung.
Sei dir Tyrs Freundschaft
Gewiss.

Freundschaft
Ist das Gold,
Das im Vertrauen
Des Silbers ruht.

Tyrs Freundschaft
Ist deine Garantie
In jeder dunklen Stund.

Mensch und Gott
Können Freunde sein.
Lass dich auf Tyrs
Freundschaft ein!

Tyrs Goldregen

Tyrs Gaben
Warten
Auf die
Gerechten

Tyrs Namen
Tragen
Die Fairen

Tyrs Dank
Gilt den
Hilfsbereiten

Tyrs Kraft
Unterstützt
Die unschuldig
Eingesperrten

Träum mit Tiwaz

Zieh
In deinen
Träumen

Flieg
In deinen
Träumen

Zius
Räume
Schäumen

Tyrs
Liebe
Bäumt sich
Auf

Auf
Lauf den
Schicksalslauf
Und gib niemals
Auf!

Mit Tyr leben!

Leben
Mit den Idealen
Tyrs

Gerechtigkeit
Ist das Ideal
Tyrs

Freiheit
Ist das Ideal
Tyrs

Fairness
Ist das Ideal
Tyrs

Treue
Ist das Ideal
Tyrs

Tyrs schützende Hand

Vom Vater zum Sohn
Zum Enkelkind:
Über alle hält Tyr
Seine schützende Hand.

Generation kommen
Und gehen:
Über alle hält Tyr
Seine schützende Hand.

Stämme wachsen
Und reifen zu Völkern:
Über alle hält Tyr
Seine schützende Hand.

Ahnen und Erben
Weben ein Band:
Über alle hält Tyr
Seine schützende Hand.

Viele Neugeborene
Sind zu Großem auserkoren:
Über alle hält Tyr
Seine schützende Hand.

Diener*in

Leb für deine Familie!
Wenn du einen Sinn
Im Leben brauchst,
Dann diene denen,
Die du liebst.
Das ist Tyrs Wahrheitsspruch!

Tyr sagt:
Die Probleme wachsen,
Weil du nur dich selbst siehst.
Doch diene deinem Volk,
Diene deiner Familie,
Diene wahren Werten
Und deine Probleme
Werden verschwinden!

Glaube Tyr!
Er kennt das höchste Ziel.
Er wartet dort auf dich;
Also beeile dich!

Spreng die Ketten der Sucht

Sucht und Druck.
Tyr erhöre mich!

Kein Ausweg,
Nur gieriges Nehmen.
Tyr erhöre mich:
Ich brauche dich!

Dunkel sind meine Tage
Und sie sind längst Jahre.
Dunkel ist mein Leben
Und ich wollte es mir nehmen.

Tyr? Gibt es ein Licht,
Das mich aus der Sucht führt?
Tyr? Gibt es eine Kraft,
Die die Sucht zerstören kann?

Tyr sagt:
Glaube mehr an mich
Als an das Gift!
Diene mir mehr
Als dem Suchtdruck
Und du wirst frei sein!

Lichte Nacht

In mir die Macht
Erwacht

Tyrs Kraft
Hält mich wach
Die ganze Nacht

Träume alter Zeit
Machen mich bereit

Schicksale
Offenbaren Pfade

Tyrs Ruf
Weckt meinen Mut

Tyrs Lachen
Erhellt die Nacht
Und treibt mich
Auf den höheren Pfad

Waldgott

Er wallt
Im Wald
Und schallt
In den Blättern

Er tanzt
Im Laub
Und grunzt
Mit den Schweinen

Er ist
Das Tier
Er wird
Zum großen Tyr

Er lacht
In den Gipfeln
Der Bäume
Und wacht
Über die Kinder
Des Waldes

Alt sein

Ein Zelt allein im Wald.
Ein Haus allein am Feldrand.

Alter einsamer Mann.
Alte verlassene Frau.

Erkennt die Chance.
Die Chance euch zu öffnen
Für Tyrs Welt
Und die Götter
Und Göttinnen Asgards.

Alt,
Aber nicht am Ende.
Eine Welt vor diesem Leben.
Eine Welt nach diesem Leben.
Eine Welt in diesem Leben!

Vollmond

Das Land
Alt und wahr

Die Nacht
Kalt und klar

Eine Macht
Erscheint unsichtbar

Der einhändige Gott
Ist da

Der Mond
Hell und nackt

Tyrs Macht
Nah und real

Odin und Tyr

Odin und Tyr
Im Menschlichen

Odin und Tyr
Im Menschenland

Odin und Tyr
Im Menschenreich

Zwei Götter bereit
Dich zu führen

Zwei Götter bereit
Dich zu stützen

Zwei Götter bereit
Mit dir zu gehen
Bis zum letzten Schritt
Bis zum finalen Ritt

Nur ein Gott

Nur ein Gott
Und doch hört er zu

Nur ein Gott
Und doch schenkt er
Dir Ruhe

Nur ein Gott
Und doch ist er da

Nur ein Gott
Und doch der Hort
Wahrer Freundschaft

Ziu ist nur ein Gott
Ziu ist nur dein Gott

Alt und neu

Der alte Pfad
Mit neuen Kindern.

Die alten Werte
Voll neuem Blut.

Das alte Ziel
Mit neuer Kraft.

Der alte Gott
Neues erschafft.

Zius alter Name
Neu gerufen.

Zius alte Gaben
Neu gefunden.

Geht den alten Weg
Mit neuer Macht!

Uns

Unsere Tage fließen
In Schicksalsbächen.

Unsere Kräfte sprießen
Unter Tyrs Schwüren.

Unsere Macht wächst
Mit den Zaubern der Hexen.

Unser Mut wallt
Gegen ungerechte Gewalt.

Unser Traum lebt
In Yggdrasils Reben.

Und unsere Gemeinschaft liebt
Den wahren Sieg.

Unbesiegbar

Höre auf dein Herz.
Vertrau Tyr
Und vergiss
Den Schmerz.

Lausche deinem Atem.
Und geh mit Ziu.
Du musst nicht
Länger warten.

Spüre deine Muskeln
Und fühle die Tiwaz Rune.
Es beginnt zu sprudeln,
Was vorher ruhig.

Der Same gesät
Und Tyr lächelt.
Das Schicksal erwählt
Und du wächst.

Stehe stabil.
Bau auf Ziu.
Ergreife den Himmel
Und flieg!

Tyrs Kraft

Gib mir Kraft Tyr,
Den zahlreichen Feinden
Zu widerstehen.

Gib mir Kraft Tyr,
Bei den zahlreichen Feinden
Nicht unterzugehen.

Gib mir Kraft Tyr,
Den zahlreichen Feinden
Die Stirn zu bieten.

Gib mir Kraft Tyr,
Über die zahlreichen Feinde
Zu triumphieren.

Gib mir Kraft Tyr,
Die zahlreichen Feinde
Zu überleben.

In deinem Herz

Die Sterne am Himmel fern.
Der Gott unerreichbar.
Weil du in die falsche Richtung siehst.
Weil du in die falsche Richtung gehst!

Sieh in dein Herz!
Geh in dein Herz!
Lebe aus deinem Herzen.

In deinem Herz
Findest du dein Glück.
In deinem Herz
Findest du den Gott.
In deinem Herz
Erwartet dich Tyr!

Wachse!

Wachse
Mit Tyr.
Wachse
Zu dir.

Wachse
Zum dem
Schicksalskind,
Welches dir
In die Wiege
Gelegt ist.

Wachse
Und reife.
Strebe zum
Höchsten
In deinen
Genen.

Wachse
Und ergreife
Das Höchste
Und werde das
Vorherbestimmte!

Tiwaz Pfad

Tiwaz
Ruf ertönt
Über der Welt

Tiwaz
Ruf war zu lange
Unerhört

Tiwaz
Licht zeigt
Den Pfad

Tiwaz
Ist der Pfad
Alter Zeit

Tiwaz
Erstrahlt
Neu und weist

Tiwaz Bild

Das Bild von Tiwaz
Im Herzen

Tiwaz Bild
Im Geist

Tiwaz Bild
In den Ästen
Der Bäume

Das Bild von Tyr
Auf meiner Haut

Tiwaz als Tattoo

Tyr, Tiwaz, Ziu
Überall!
Zu jeder Zeit!
Für immer!

Nie wieder

Nie wieder
Ohne Tyr

Nie wieder
Allein

Nie wieder
Ohne Gerechtigkeit

Nie wieder
Gefangen

Nie wieder
Falsche Freundschaft

Nie wieder
Ängstlich sein

Nie wieder
Ohne Gott Tyr
Durch dieses Leben
Gehen!

Tyrs Gesetz

Lüge
Nicht

Stehle
Nicht

Betrüge
Nicht

Morde
Nicht

Raube
Nicht

Vergewaltige
Nicht

Das ist
Tyrs Gesetz

Göttermannen

Tage des Donners.
Er wütet und schlägt
Den Hammer.

Jahre eisiger Kälte.
Der Herr treibt sich
In den Schenken herum
Mit Bart und Stab.

Kammern des Gerichts.
Mit Zank und Streit
Und hoheitlicher
Einigkeit.

Orte der Versammlung.
Im Kreis der Gleichen
Gemeinsam walten
Zum Wohl des Stammes.

Momente der Wacht.
Ein altes Horn
Bläst bei Sturm
Und Sonnenschein.

Zwei

Vergiss
Den Stress

Sei
Allein
Bei ihm

Tyr
Ist bei dir

Geh
Seinen Weg

Leb
Indem du
Mit ihm gehst

Strebe
Nach Tyrs
Nähe

Rot

Dunkles Blut.
Geronnen.
Alte Wut.
Sicht verschwommen.

Ekstatischer Rausch
Im Gott.
Wilder Lauf.
Verfolgt.

Tyrs Blut
Tropft.
Auf weiter Flur.
Gehofft.

Endloser Strom
An Göttlichkeit.
Spiritueller Sog
Grenzenloser Freiheit.

Samen
Yggdrasils.
Fahnen
Der Liebe.

Über den Autor:
Niemand,
Niemals,
Nirgendwo,
Doch durch das Schicksal
Bezeugt.